RITA BERMAN
Mein Sommerspaziergang

Weitere Titel der Autorin:

Mein Herbstspaziergang
Mein Winterspaziergang
Mein Frühlingsspaziergang

Die Welt unter der Lupe zu Lande
Die Welt unter der Lupe zu Wasser

Über die Autorin:

Rita Berman wurde 1971 in Moldawien geboren und begeisterte sich schon früh fürs Zeichnen. Sie studierte Architektur und zog nach Deutschland, wo sie heute als Designerin und Illustratorin arbeitet. Mit ihrem einzigartigen Stil erschafft sie verspielte Werke voller liebenswerter Details. Sie lebt mit ihrer Familie in Frankfurt am Main.

Mein Sommer Spaziergang

Ausmalen und durchatmen

Rita Berman

lübbe

MIX
Papier aus verantwortungsvollen Quellen
FSC® C100257
www.fsc.org

Originalausgabe

Titelillustration und Umschlaggestaltung: Rita Berman
Lektorat: Mareike Neukam
Herstellung und Satz: Judith Knabe
Gesetzt aus der Cambria
Druck und Verarbeitung: Appel & Klinger, Schneckenlohe
Printed in Germany
ISBN 978-3-404-60929-1

12 11 10 9 8

Sie finden uns im Internet unter www.luebbe.de
Bitte beachten Sie auch: www.lesejury.de

An heißen Sommertagen schnappe ich mir am liebsten schon morgens meine Badetasche, radle zu einem See und lege mich am Ufer ins Gras. Dort lausche ich gedankenverloren dem Glucksen des Wassers und dem Sirren der Insekten, die durch die Luft schwirren, und genieße die Sonne auf meiner Haut, bevor ich zur Abkühlung ins Wasser springe.

Von so einem Ausflug komme ich immer gut gelaunt und voller Inspiration zurück, denn das strahlende Licht und die Wärme beflügeln meine Fantasie. Ich hoffe, ich kann dieses Gefühl an Sie weitergeben, wenn Sie meine Zeichnungen nun ganz nach Ihren persönlichen Vorstellungen mit Farben füllen. Lassen Sie den Sommer leuchten!

Viel Vergnügen wünscht Ihnen
Rita Berman

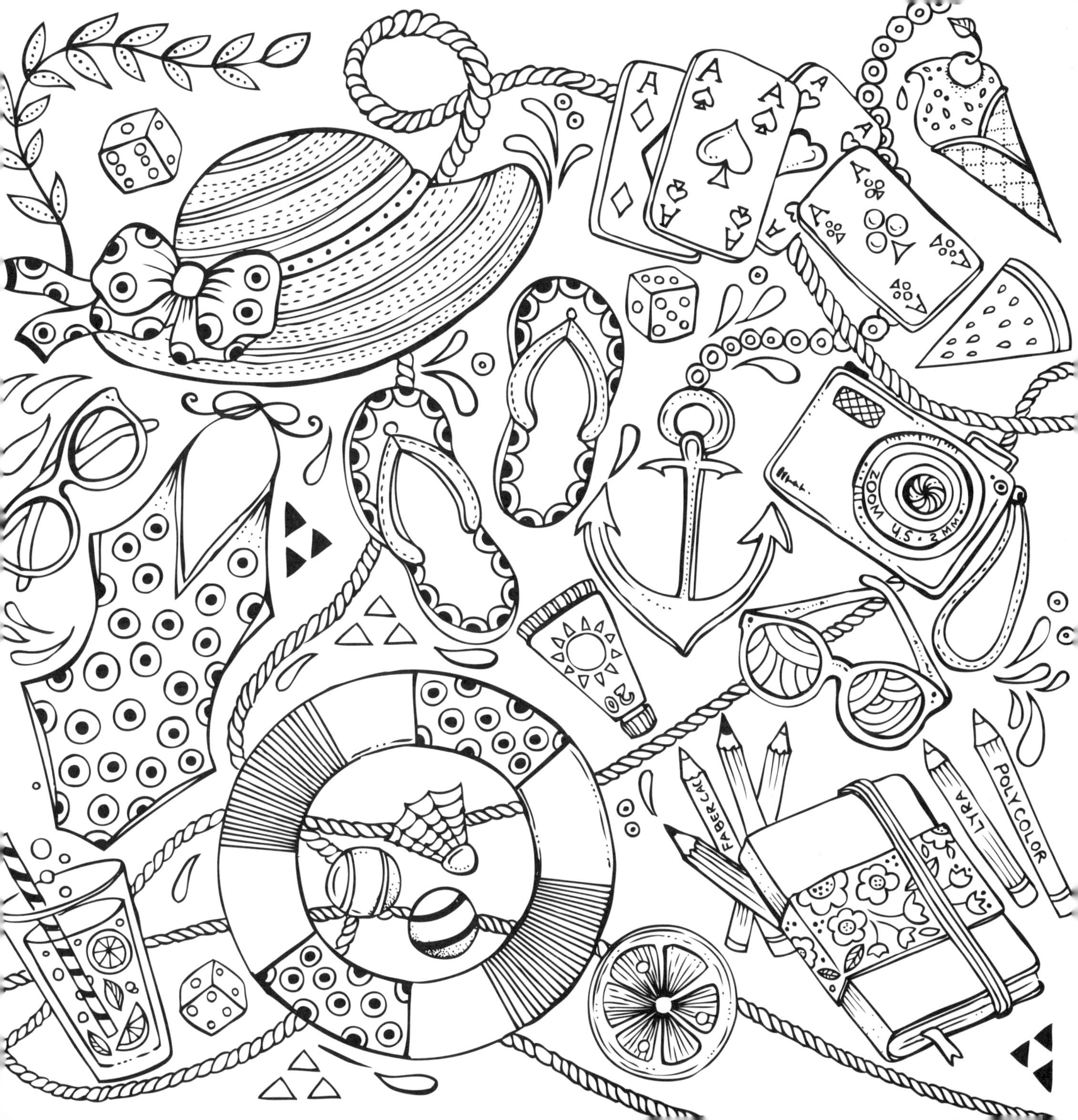
LYRA
POLYCOLOR

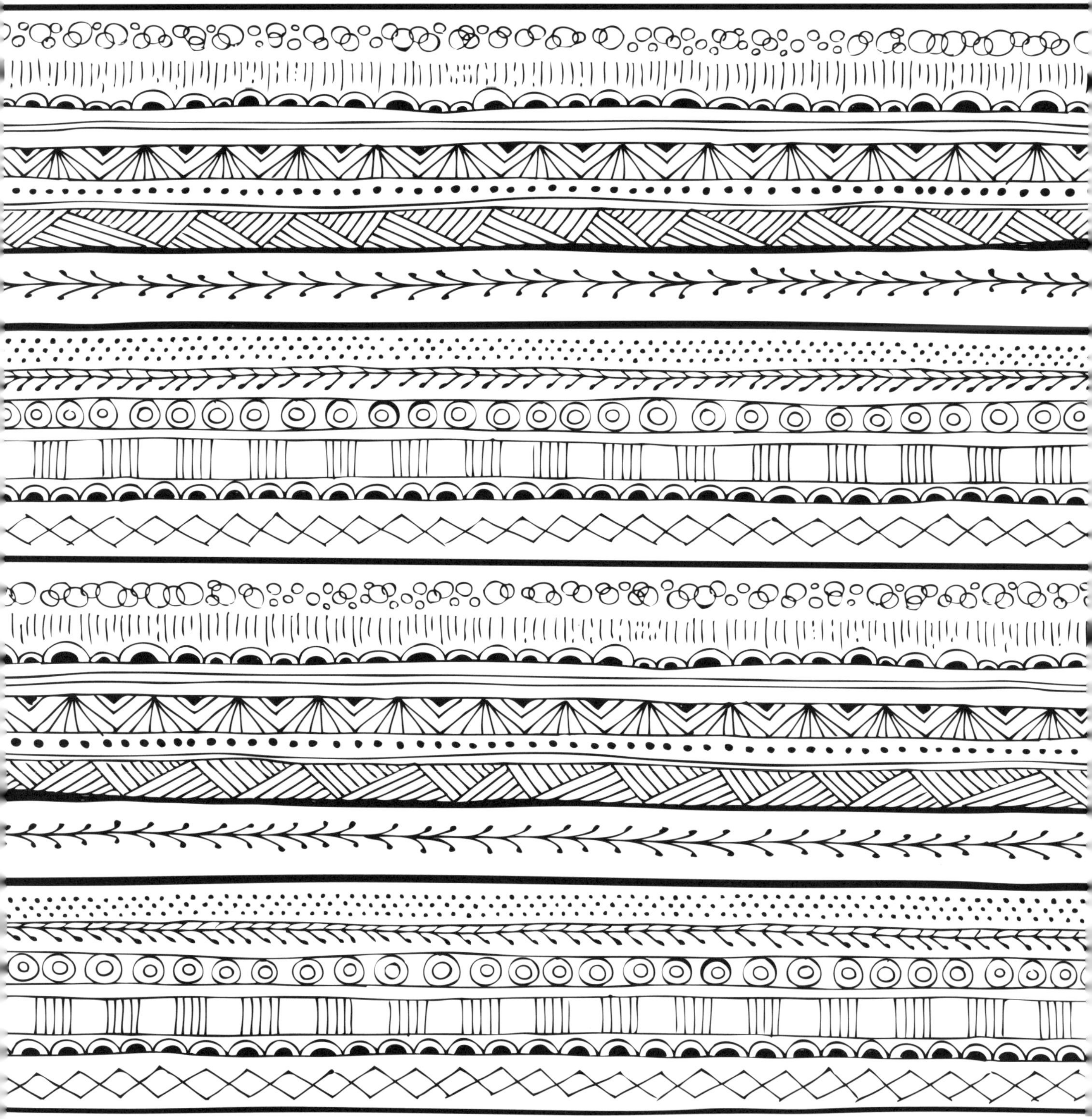

08
5,-

COLOR 5

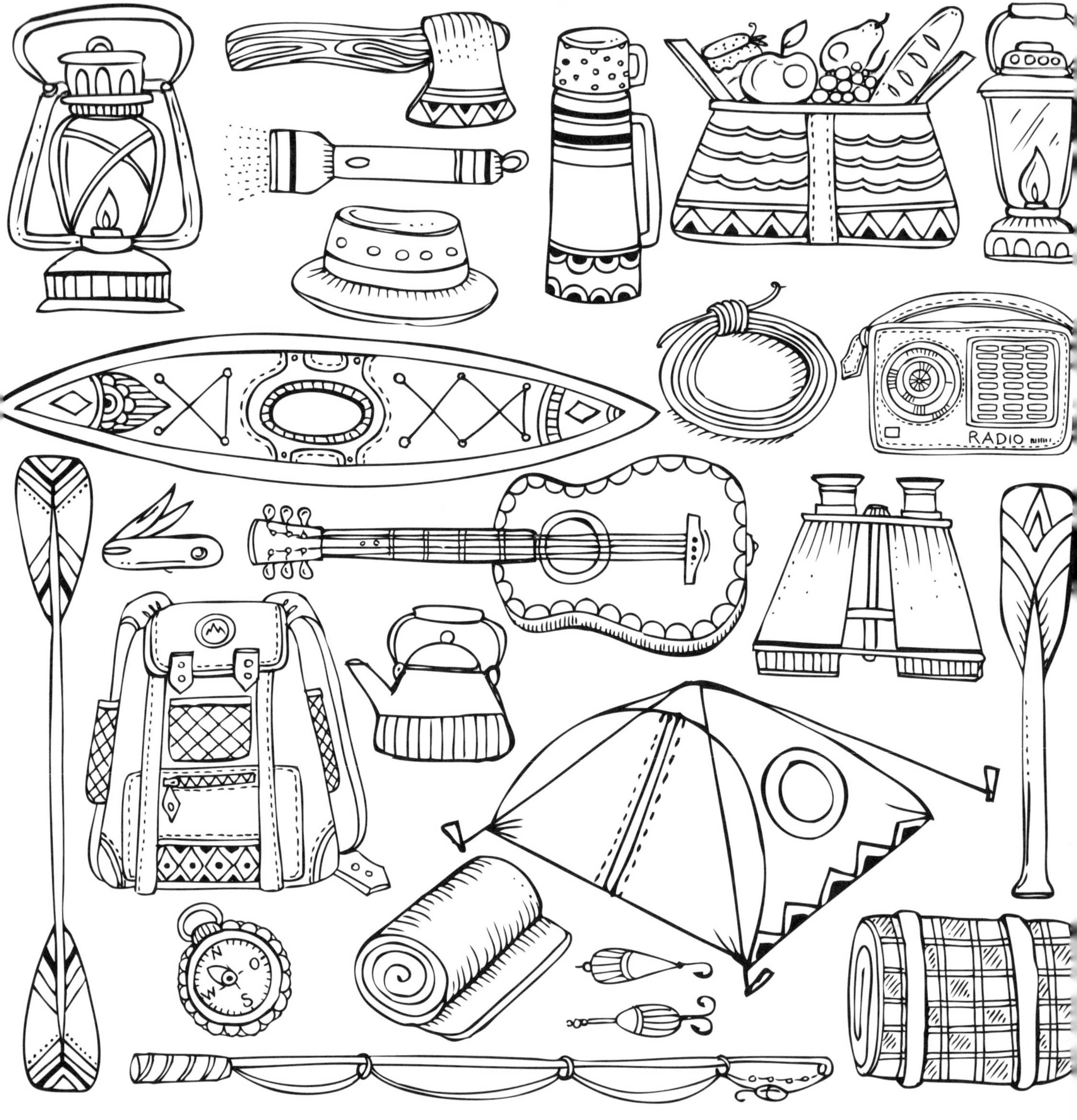
RADIO
N
O
S
W

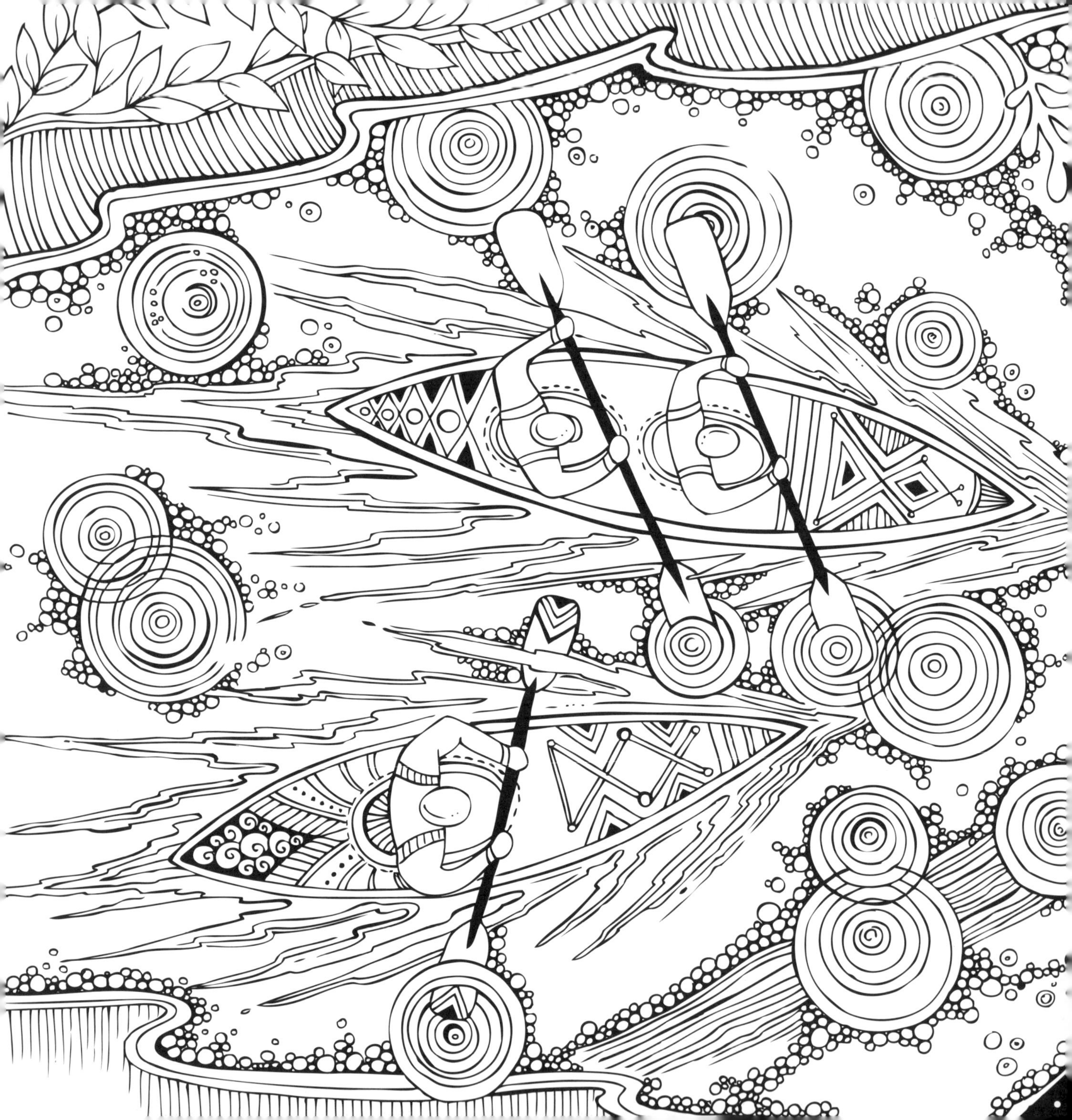

MEIN HERBSTSPAZIERGANG, ISBN 978-3-404-60916-1

MEIN WINTERSPAZIERGANG, ISBN 978-3-404-60917-8

MEIN FRÜHLINGSSPAZIERGANG, ISBN 978-3-404-60928-4